तुलना अनुभवों की

जीवन की सच्चाई कविताओं में

हिमानी चौधरी

BookLeaf Publishing
India | USA | UK

Made with ❤ on the BookLeaf Publishing Platform
www.bookleafpub.in
www.bookleafpub.com

Dedication

✿ समर्पण

यह पुस्तक "तुलना अनुभवों की" मैं अपने प्यारे बेटे **क्रिश** को समर्पित करती हूँ।

क्रिश की मासूम हँसी और उसकी चमकती आँखों में मुझे जीवन का वह सच्चा अर्थ दिखाई देता है, जिसे शब्दों में पूरी तरह बाँध पाना संभव नहीं। वह मेरा सबसे बड़ा प्रेरणास्रोत है, जिसने मुझे सिखाया कि जीवन कितना सरल और सुंदर हो सकता है यदि हम उसे बच्चे जैसी मासूमियत से देखें।

यह पुस्तक मेरे **माता-पिता** को भी समर्पित है, जिन्होंने मुझे जीवन की बुनियादी शिक्षा दी—सत्य, धैर्य, प्रेम और त्याग का। माँ ने मुझे सिखाया कि आँसुओं में भी ताक़त छिपी होती है, और पिता ने समझाया कि संघर्ष ही इंसान को गढ़ते हैं।

मैं इसे अपने **भाई-बहन** को भी समर्पित करती हूँ, जिन्होंने कभी दोस्त की तरह मेरा साथ दिया, कभी शिक्षक की तरह मुझे डाँटकर सही राह दिखाई।

साथ ही, यह पुस्तक उन सभी लोगों को समर्पित है जो मेरे जीवन से जुड़े—किसी ने मुझे अपनापन दिया, किसी ने दूरी, किसी ने सच्चा साथ निभाया तो किसी ने छल किया। इन सभी अनुभवों ने मुझे वह बनाया जो आज मैं हूँ।

इन कविताओं में जीवन को कभी **माता-पिता**, कभी **दोस्त**, कभी **रिश्तेदार**, कभी **खिलौनों**, तो कभी **यादों** और **तस्वीरों** से तुलना करके समझने का प्रयास किया गया है। क्योंकि जीवन हर बार एक नई भूमिका निभाता है—कभी मार्गदर्शक, कभी साथी, तो कभी परखा

लेने वाला कठोर अध्यापक।

इसलिए यह पुस्तक उन सभी को समर्पित है, जिन्होंने मुझे जीवन के **हर रंग—सुख और दुःख, अपनापन और परायापन, हँसी और आँसू—** का अनुभव कराया।

आज यह *"तुलना"* उन्हीं अनुभवों की झलक है।

Preface

प्रस्तावना

हर इंसान का जीवन अनेक रंगों से भरा होता है। कभी यह रंग उजले और चमकीले होते हैं, तो कभी धुंधले और फीके। मैंने अपने जीवन में अक्सर पाया कि कई बार हम अपने अनुभवों को किसी न किसी चीज़ से जोड़कर, उसकी तुलना करके बेहतर समझ पाते हैं। यही आदत धीरे-धीरे मेरे लिए प्रेरणा बन गई।

इस किताब *"तुलना"* की प्रेरणा मुझे अपने जीवन से भी मिली और दूसरों के जीवन से भी। जब-जब मैंने देखा कि जीवन माँ-बाप की तरह हमें संभालता है, दोस्तों की तरह हँसाता है, रिश्तेदारों की तरह परखता है, या बच्चों की मासूमियत की तरह सरल होता है, तो मुझे लगा कि जीवन को इन तुलनाओं के रूप में व्यक्त करना ही इसकी असली खूबसूरती है।

इस किताब को लिखने का उद्देश्य बस इतना ही था कि मैं अपने जीवनकाल में कम से कम एक किताब तो लिख पाऊँ। यह मेरी लेखन यात्रा की शुरुआत है। मुझे नहीं पता कि आगे और किताबें लिखने का अवसर मिलेगा या नहीं, लेकिन इतना ज़रूर है कि यह पहला प्रयास मेरे लिए बेहद ख़ास है।

इस पुस्तक का पाठक वर्ग कोई भी हो सकता है—चाहे वह युवा हो, बुज़ुर्ग हो, विद्यार्थी हो या कोई साधारण पाठक। जो भी जीवन को समझने और महसूस करने की इच्छा रखता है, उसे इन कविताओं में कहीं न कहीं अपना अक्स ज़रूर मिलेगा।

इस पुस्तक की कोई विशेष साहित्यिक शैली या दार्शनिक दावा नहीं है। मैं ना तो कवयित्री हूँ और ना ही पेशेवर लेखिका। मैंने बस अपने

दिल की बातें, अपने अनुभव और अपनी भावनाएँ सरल शब्दों में बाँधने की कोशिश की है। यदि ये कविताएँ किसी के दिल को छू जाएँ, किसी को मुस्कान दे जाएँ या किसी को जीवन को नए नज़रिए से देखने की प्रेरणा दे जाएँ, तो यही मेरे लिए सबसे बड़ा पुरस्कार होगा।

– *हिमानी चौधरी*

Acknowledgements

आभार

सबसे पहले, मैं अपने ईश्वर और अपने **पूर्वजों** को हृदय से धन्यवाद देती हूँ।

ईश्वर ने मुझे यह बुद्धि, संवेदनशीलता और शक्ति दी कि मैं जीवन के छोटे-बड़े अनुभवों को शब्दों में बाँध सकूँ।

और मेरे पूर्वजों ने अपने त्याग, संस्कार और जीवन के आदर्शों से वह नींव रखी, जिस पर आज मेरा जीवन और यह पुस्तक खड़ी है।

उनकी स्मृतियाँ और आशीर्वाद सदैव मेरे साथ रहे हैं।

मैं अपने **माता-पिता** का गहरा आभार व्यक्त करती हूँ, जिन्होंने मुझे धैर्य, अनुशासन और जीवन के सच्चे मूल्य सिखाए। उनका आशीर्वाद ही मेरी सबसे बड़ी पूँजी है।

मैं अपने **भाई-बहन – हनी और बुलबुल** की आभारी हूँ, जिन्होंने हर परिस्थिति में मेरा साथ दिया—कभी मित्र की तरह, कभी मार्गदर्शक की तरह। उनके सहयोग ने मुझे यह सिखाया कि जीवन की सबसे बड़ी शक्ति रिश्ते और अपनापन हैं।

अपने पूरे **परिवार और रिश्तेदारों** को भी धन्यवाद देना चाहती हूँ—चाहे अनुभव अच्छे रहे हों या कठिन, सभी ने मुझे नई सीख दी और और मज़बूत बनाया। इन्हीं अनुभवों ने मेरी सोच को गहराई दी और इस पुस्तक को जन्म दिया।

मैं अपनी **सहेलियों और मित्रों** की भी आभारी हूँ, जिन्होंने हर समय मुझे प्रोत्साहित किया, मेरे विचारों को सुना और मेरे सपनों को संबल दिया।

साथ ही, मैं उन सभी **शिक्षकों, सहकर्मियों, विद्यार्थियों और संस्थानों**

का भी धन्यवाद करती हूँ, जिनसे मुझे जीवन को समझने और महसूस करने की प्रेरणा मिली।

अंत में, मैं उन सभी जीवन क्षणों को धन्यवाद देती हूँ—जो कभी मुस्कान बने, कभी आँसू, कभी अपनापन, कभी परायापन। इन्हीं अनुभवों ने मुझे लिखने की राह दिखाई और इस पुस्तक *"तुलना"* को संभव बनाया।

— *हिमानी चौधरी*

1. ❀ जीवन – माता-पिता सा

जीवन उन्हीं की छाँव में हमें बड़ा बनाता है,
हर मुश्किल में उनका प्रेम हमें संजीवनी पहुँचाता है।
दुख-सुख का सफर वो साझा करते हैं,
हर मुसीबत में उनका नूर हमें जगमगाता है।

जैसे माँ की गोद में संसार का चैन मिलता है,
वैसे ही जीवन के हर मोड़ पर सच्चा पथ हमको मिलता है।
पिता की कहानी में होती है संघर्ष की झलक,
जीवन भी हमें सिखाए, कभी न बिखरना, यही है धड़क।

रिश्तों की डोर में बंधे हैं हम मजबूती से,
कदम-कदम पर प्रेरणा के दीप जलते हैं छाया-सी।
ये राहें शायद कठिन हों, मगर अंधेरा ना हो पाए,
माँ-बाप की शिक्षा ही है, जो थकने से बचाए।

2. ☒ जीवन के खिलौने

खेल-खिलौनों में बसी है दुनिया की रंगीनी,
हर खुशी में छिपी है एक नई ताजगी।
गाड़ी दौड़ती है तो मन को मिलती है रफ्तार,
जिंदगी के सफर में सिखाती है अनोखा प्यार।

चुड़ियों की खनक में बसी है बचपन की धुन,
कभी हंसते, कभी रोते, लेना है जीवन का सबक चुन।
इन खिलौनों से सीखें हम धैर्य और साहस,
हर पल की सुंदरता में है जीवन का सार।

गुरुत्वाकर्षण जैसे रिश्ते भी निभाते हैं,
खिलौनों की तरह ही हमें रंगीन बनाते हैं।
हर मौज में छिपे हैं हमसफर के एहसास,
बचपन के ये खिलौने सिखाते हैं सुख का विस्तार।

3. 📖 जीवन – एक शिक्षक सा

जीवन के पाठ में कभी सराहना, कभी कठोरता है,
आसमान तक पहुँचाने की उसकी गहराई, उसकी धारता है।
जैसे साहित्य में भावनाएँ छिपी होती हैं,
वैसे ही जीवन में छिपी होती हैं सच्चाई के क्षण रेशमी होती हैं।

कभी सुख की लहर पर चढ़ाता है,
कभी दुख के सागर में डुबोकर सोचने पर मजबूर करता है।
जैसे संगीत में लय और सुर जुड़ता है,
वैसे ही जीवन में हर अनुभव एक नया स्वर गढ़ता है।

कभी उजाले का साथ, कभी अंधेरे की ढाल,
हर मोड़ पर सिखाता है, ये ना हो बेकार का हाल।
इंसान के संघर्ष में निहित होती है कहानी,
जीवन का यह पाठ, है सबसे प्यारा, सबसे ज़्यादा सच्चा, सबसे ज़्यादा ज्ञानी।

4. 🎓 जीवन – एक कॉलेज सा

हर दिन नई चुनौतियाँ, नए सपनों की उड़ान,
बदलती सोच, बदलते हैं रिश्तों का मान।

दोस्ती में हैं मिठास और कभी-कभी है तकरार,
ये पल ही हैं जीवन के सबसे अनमोल उपहार।
कभी सूरज की रोशनी, कभी बादलों की छाँव,
कॉलेज का ये सफर, न भूल पाएंगे कभी साव।

यहाँ हम ढूँढते हैं अपने खुद के रास्ते,
उम्मीदों की लहरों में बहते हैं सबके साथ।

5. जीवन – एक दोस्त सा

ज़िन्दगी के हर रंग में वो अनमोल सा रंग भरता है,
हर एक पल में, जैसे दोस्त कोई ख़ुशियों का झरना बहता है।
चोटियों पर ले जाकर जब भी धूप तेज हो जाती है,
उसकी छांव में फिर से हर थकान को मैला कर देता है।

कभी उदासी की घटा में जब छिप जाती हैं रौशनी,
तब भी वो उम्मीद की किरण को मुझे दिखा देता है।
सपनों की उड़ान में जहाँ रुकावटें आती हैं,
वो हाथ थामे, हौसले को फिर से जगा देता है।

हर कठिनाई में जैसे दोस्त ने मज़ाक से सुलझाया,
वैसे ही जीवन भी मुझको याराना बता देता है।
सच्चा साथी बनकर हर राह में चलता है,
दोस्त-सा जीवन ही हमें जीना सिखाता है।

6. ☒ जीवन – रिश्तों का आईना

जीवन की राहों में स्याही-सी बहता है,
कभी मिठास लाता है, कभी कड़वाहट थोड़े में महका है।
चाहे कितनी भी मुश्किलें, साथ निभाता है,
आख़िरी सांस तक हर घड़ी में हमें भुला नहीं जाता है।

खुशियों के पल में मुस्कुराना सिखाता है,
और ग़म के अंधेरों में उम्मीद का दीप जलाता है।
कभी सवालों के समंदर में डूबने देता है,
सोचने पर मजबूर कर, एक नया सबक सिखाता है।

सच है, जीवन भी रिश्तों की तरह जटिल है,
कभी एकांत में छोड़ता, कभी साथ में मिल जाता है।

7. 👩 👦 👦 जीवन – भाई-बहन सा रिश्ता

हर दिन एक नया सबक, एक नई कहानी कहता है,
कभी सुख की छाँव में, कभी दुखों का सामना कराता है।
उदासी में जैसे कोई साथी साये की तरह रहता है,
जीवन भी उस साथी का हाथ थामकर बढ़ता है।

संग चलते, संग हँसते, हर पल जीने की कला सिखाता,
सपनों की उड़ान में हमें अपने पंख लगाता।
बिछड़ने के पल भी, जैसे कोई गम ना बुनता है,
जीवन भी संग-संग रहकर यादें बुनता है।

धूप-छाँव की तरह, कभी सुख, कभी पीड़ा की झलक,
पर हर कठिनाई में छुपा होता है एक नया फ़लक।
भाई-बहन की तरह ही, जीवन बुनता है रिश्तों का धागा,
जिसे हम कठिनाइयों में भी, नहीं छोड़ते, न भागा।

8. जीवन – सखी सा सहारा

खुशियों के पल में रंगीनी भरता है,
कभी सर्द आँधियों में गर्माहट देता है।
साथ में मस्ती की लहरें उठाता है,
हर मुश्किल राह पर हमें आगे बढ़ाता है।

कभी एक गीत की तान सा गूंजता है,
सपनों में सहेलिया का रूप धरता है।
यदि कोई आंसू भी आँखों में समाता है,
तो जीवन, अपने कंधे पर वह बोझ झेलता है।

पलकों पर सजे खुशियों के ख्वाब की तरह,
सदियों से बंधे रिश्तों की डोर सी तरह।
सात रंगों में बुनता हर संघर्ष की बात,
हमें थाम कर, हर क़दम पर सिखाता है।

9. ⊠ जीवन – ससुराल सा सफ़र

जीवन का ये सफर, जैसे रेशमी चूड़ियों की खनक,
खुशियों की लहर में भी, कभी मिलती है अनमोल चुप्पी का झलक।
जब धूप तेज़ हो, संग लाती है छाँव का आभास,
कभी तन्हाई में, जैसे यादों का होता है बसता उल्लास।

सास-बहू का रिश्ता, यही जीवन की परिभाषा है,
जब मिलती हैं राहें, तो हर मुश्किल में बनती छाया है।
जैसे त्योहार में रंगों से भरी होती है दीवानगी,
वैसे ही जीवन में खुशियों की होती है अद्भुत जिदंगी।

हर मोड़ पर नई चुनौतियाँ, जैसे घर के उजाले की चाह,
कभी राह में पड़े कांटे, कभी फूलों की खुशबू से सजा।
पर अंततः यही सफर, एक खूबसूरत कहानी बनाता है,
ससुराल के जैसे, जीवन भी हर पल एक नया सबक सिखाता है।

10. ✿ जीवन – अपनेपन सा

जीवन की राहों में जो रंग भरता है,
संग आँधियों में भी हौंसला कभी न घटता है।
सपनों की महक से महकता है हर मोड़,
कभी थम जाता है, कभी बिखरता है हर जोड़।

खुशियों की लहरों में भी जो साहस बांधता है,
ग़म की गहराइयों में भी रौशनी ला जाता है।
हर पल में छिपा है एक नया अध्याय,
बस उस पर चलने की है, थमने का नहीं उपाय।

सच्चाई की नींव पर खड़ा है यह जीवन,
जिसकी महक के आगे हर दर्द हो जाता है बिसरन।
अपनेपन की ताकत से हर मुश्किल खुद को झेलता है,
जीवन का यही जादू-संग है, जो हमें महका जाता है।

11. ● जीवन – परायापन सा सबक

फिर भी, जब खुद की परछाई छूट जाती है,
तो एक अंजान सी राह पर मन खुद को खो जाता है।
अकेलापन कभी सहारा बनता है,
कभी यह जीवन के वजन को और बढ़ा जाता है।

जो चीजें कभी अपने लगती थीं,
वो अब एक धुंधली याद बन जाती हैं।
परायापन की धारा में भटकने से,
नए रिश्तों की कश्ती भी मिलने लगती है।

सपने कभी-कभी अनजानों में बिखर जाते हैं,
जैसे चाँद के बिना रातें अधूरी रह जाती हैं।
पर इस परायापन में छिपा है एक रहस्य,
हर अंत में एक नई शुरुआत का संकेत मिलता है।

जीवन भी परायापन में हमें रंगीन बनाता है,
यहां हर दर्द का एक ताज़ा सबक सिखाता है।
हम सीखते हैं अपने भीतर के अंधेरों से निकलना,
क्योंकि जब कोई दूरी बनती है, तब खुद से मिलता है मन।

12. 🌞● जीवन – सुख-दुःख का संगम

जीवन भी सुख-दुःख की दो धाराओं-सा बहता है,
कभी हँसी का झरना बनता है, कभी आँसुओं से लिपटता है।
सुख के पल हमें उड़ान भरना सिखाते हैं,
दुःख के पल धैर्य का पाठ पढ़ाते हैं।

सुख में हम दुनिया को गले लगा लेते हैं,
दुःख में हम खुद को पहचान पाते हैं।
कभी धूप-सा जीवन गर्माहट बिखेर देता है,
कभी बादल-सा अँधेरा घेर लेता है।

सुख की मिठास से मन मुस्कराता है,
दुःख की कसक से दिल मजबूत हो जाता है।
जैसे दिन और रात का संगम जीवन को पूर्ण बनाता है,
वैसे ही सुख-दुःख का साथ हमें इंसान बनाता है।

सच है, जीवन अधूरा है इन दोनों के बिना,
सुख और दुःख ही इसे सार्थक करते हैं सदा।
हर आँचल में चाँद-तारे, हर दिल में है एक कथा,

इन्हीं लम्हों का संगम ही रचता है हमारे जीवन का राग।
मिलते हैं जब हम कठिनाइयों से, बनता है नया रास्ता,
सुख का मूल्य जानकर, दुःख की सुनी जाती है दास्तान।

13. 🌿 जीवन – बेफ़िक्री का रंग

हर पल में खुशी की एक नई कहानी बुनती है,
हमेशा हंसते रहना ज़िंदगी को सजाती है।
चुनौतियों के साए में मस्त रहने का हुनर सिखाती है,
फिक्र के बादल जहाँ मुस्कान की रोशनी लुटाती है।

खुद से की गई मोहब्बत, जैसे लहरों में बहना,
रंग-बिरंगे सपनों का रास्ता खोलना,
जब हम बेफ़िक्री से जीते हैं, दर्द का साया मिटता है,
हर सांस में उमंग का एक नया गीत घुलता है।

सिक्के का एक पल, क्या ख़ाक में खो जाए,
जब हम बेफ़िक्र होकर हर ज़िंदगी का मज़ा उठाए।
आओ, एक नई शुरुआत करें, उम्मीदों से भरी,
जहाँ हर लम्हा बेफिक्र हो, हर दिल की धड़कन बेड़ी।

14. जीवन – पेड़-पौधों सा धैर्य

छांव में बसीं हैं कितनी यादें क़ैद,
जो धुलती नहीं, समय के साथ महकती हैं हर याद।
फूलों के रंग में बिखरी हैं कहानियाँ,
हर शाख़ पर छुपी हैं हसरतें और फ़नकारियों की छायाएँ।

गर्मी में पत्तों की सरसराहट सुनाई देती है,
जैसे सुख-दुख की लहरें मन में बहती हैं, खेलती हैं।
नदियों-सी जीवन की धारा बहती है,
जहाँ दर्द की गहराई भी, सुकून की ओर ले जाती है।

आसमान के तले, कंधे पर ढोते हैं हम,
अपने सपनों को, ठोकरें खाकर भी संग बनाते हैं हम।
धरती से जुड़े हैं, जड़ों की मजबूती में,
हर चुनौती के आगे, बढ़ते रहते हैं हम।

15. जीवन – शेर और बकरी सा 🐯 🐐

जीवन की इस धारा में रंग-बिरंगे पल मिलते हैं,
कभी खुशी के उजाले, कभी गम के छायाएँ हैं।
हर मोड़ पर नया अध्याय हमें लिखना होता है,
अनजान सफर में ही अपने को पहचानना होता है।

शेर की दहाड़ में छिपा एकजुटता है,
बकरी की मीठी धुन में सरलता का जादू है।
दुख-सुख के संगम में ही जीवन का सार है,
साहस और समर्पण का यही तो आधार है।

हर स्पंदन से हमें कुछ नया सिखाता है,
हर अनुभव में एक नया रंग चढ़ाता है।
जीवन के इस अद्भुत नृत्य में,
हर भाव में खुद को खोजने का दम भरता है।

16. 👶 जीवन – मासूम बच्चों सा

जैसे बच्चे हर रंग से खेलते हैं,
जीवन भी रंग-बिरंगे सपने खींचता है।
कभी मिट्टी में लोटकर, कभी बादलों के संग,
हर छोटे पल में खुशी की महफिल सजाता है।

बच्चों की तरह जीवन भी हर जख्म न भूलता,
फिर भी नई सवेरे का कर स्वागत करता है।
बंद eyes में बस लंबी धुनें गूंजती हैं,
और हँसते चेहरे पर सुख की लकीरें बनाता है।

खुद की खोज में कभी रुकते नहीं,
हर मोड़ पर नया सबक सिखाने जाता है।
पलकों पर चढ़कर, चाँद को छूने में,
जीवन भी उसी मासूमियत का किरदार निभाता है।

17. जीवन – चिड़ियों की उड़ान और ईश्वर का आशीर्वाद

चिड़ियों की भांति, हम भी संघर्षों को सहते हैं,
हर छोटी मंजिल पर नए सपने बुनते हैं।
कभी चोंच से अनाज ढूंढते, कभी उड़ान भरते,
जैसे भगवान हमारे पथ में हमेशा साथ रहते हैं।

मौसम के बदलने से, वे और मजबूती पाती हैं,
जैसे मुश्किलों से हम और संजीदगी लाते हैं।
साथ मिलकर फैला देती हैं रंगों का संसार,
प्रभु भी हमें दिखाते हैं जीवन में प्रेम का आधार।

चिड़ियों की सादगी में निहित है गहराई,
वैसे ही श्रद्धा में है जीवन की सच्चाई।
सपनों की चिड़ियाँ, उम्मीदों की उड़ान,
ईश्वर की कृपा से हर दिन नया अरमान।

18. जीवन – अकेलेपन का वरदान

जीवन भी अकेलेपन-सा शांत और गहरा होता है,
जहाँ शोर नहीं, बस आत्मा का सवेरा होता है।
भीड़ में अक्सर इंसान खुद को खो देता है,
पर अकेलापन हमें अपने आप से जोड़ देता है।

अकेलेपन में मन अपनी ताकत पहचानता है,
हर डर, हर कमजोरी से खुद को आज़माता है।
जैसे सन्नाटा भीतर की आवाज़ सुनाता है,
वैसे ही जीवन भी आत्म-ज्ञान कराता है।

अकेले चलना हमें साहस सिखा जाता है,
दूसरों पर नहीं, खुद पर विश्वास बढ़ा जाता है।
कभी यह दुखद लगता है, कभी राहत बन जाता है,
अकेलेपन का हर पल हमें मजबूत बना जाता है।

सच है, जीवन भी अकेलेपन-सा वरदान है,
जो आत्मा को गढ़ता और आत्मविश्वास का संधान है।
यह एक यात्रा है, स्वयं की खोज की राह,
जहाँ हर कदम पर मिलती है नई दुनिया का रंज़।
अकेलेपन में छिपा है अनुभव का खजाना,
हर अनजान मोड़ पर मिलती है नयी मंज़िल का नज़ारा।
अकेलापन केवल बंजर नहीं, ये उपवन भी है,
जहाँ खुद से मिलकर, हम अपने मन की सुनते हैं।

19.  जीवन – धूल सा सफ़र

धूल-सा जीवन, हर लम्हा नया गीत गाता है,
हर मिट्टी की खुशबू में एक राज़ छिपाता है।
कभी बूँदों में लिपटा, चमकता जैसे तारा,
तो कभी सुलगता, उन यादों का सारा।

धूल-सा जीवन, हर्ष-उल्लास का संदेश लाता है,
हर आंसू में छिपा एक नया सबक सिखाता है।
रंगीन सपनों की परछाई में खो जाता है,
तो कभी मौन में गहरी बातें खुद से कर जाता है।

धूल-सा जीवन, आकाश में उड़ान भी भरता है,
जब आँधियाँ आती हैं, और सबकुछ बिखरता है।
पर हर बिखराव में एक नई सृष्टि सजती है,
और धूल के कणों में नई कहानी कढ़ती है।

संघर्ष का ये संग्राम हमें सिखाता है,
हमें उठना है, गिरना है, फिर से खड़ा होना है।
धूल-सा जीवन, सजीवता का एहसास कराता है,
कि अंत में सब कुछ यूं ही मिट्टी में समा जाता है।

20. जीवन – यादों का आईना

जीवन भी यादों-सा रंगीन और धुंधला होता है,
कभी हँसी बाँटता है, कभी आँसू देता है।
बचपन की यादें मासूमियत की छाया लाती हैं,
यौवन की स्मृतियाँ सपनों की उड़ान दिखाती हैं।

कुछ यादें घाव-सी चुभती रह जाती हैं,
तो कुछ दुआ-सी दिल को सुकून दे जाती हैं।
यादों के सहारे ही इंसान जीना सीखता है,
बीते पलों से भविष्य सँवारना सीखता है।

कभी फोटो-सा जीवन आँखों में बस जाता है,
कभी धुंध-सा मन से ओझल हो जाता है।
यादें ही जीवन को अर्थ और गहराई देती हैं,
बीते हुए लम्हों में नई प्रेरणा जगाती हैं।

सच है, जीवन भी यादों का एक आईना है,
जो हर पल को अमर बना कर जीना सिखाता है।
हर खुशी, हर ग़म का एक हिस्सा बन जाता है,
सावन की बूँदों सा, दिल में बस जाता है।

कुछ लम्हे खामोशी में भी बहे जाते हैं,
कभी हँसी में, कभी आँसुओं में समेटे जाते हैं।
यादों के गलियारों में चलते-चलते,
हम खुद को फिर से खोज लेते हैं, अलबत्ता।

21. जीवन – तस्वीर सा पल

जीवन एक कैनवास है, रंग-बिरंगा फैलता है,
हर खुशी-ग़म की लहर पर, नया एक गीत कहलता है।
सपने अनगिनत मन में बुनते हैं हम,
कभी टूटते हैं, कभी साकार होते हैं कम।
जो बीत गया, वो तस्वीर में सजा रहता है,

हर धड़कन में उसकी गूंज फिर से गूंजता है।
छोटे-छोटे लम्हे, सुख-दुख के रंग जूँरे,
तस्वीर के पल, जैसे दिल के दरवाज़े खोले।

स्मृतियों का आलम, कभी हल्का-फुल्का है,
तो कभी बूँद-बूँद बरसता, गहरा और मुश्किल है।
जीवन का सच भी, एक अनकही कथा है,
तस्वीर की तरह ही, हमें भी सिखाता है।

www.ingramcontent.com/pod-product-compliance
Lightning Source LLC
LaVergne TN
LVHW022032200926
848481LV00007B/2664
* 9 7 9 8 8 9 8 6 5 4 8 6 3 *